AF438255

LA TROMPETTE-GUERRIÈRE

(Dédiée aux Pères qui ont beaucoup d'enfants à doter).

BIBLIOTHÈQUE NATIONALE

DÉPOT LÉGAL
Nord
N° 65
1874

Certaines gens ne voient pas qu'il est nécessaire de déclarer la guerre à la Prusse.

Ces gens sont aveugles. Leur cristallin, au lieu d'être transparent, est opaque. Fort heureusement cette cécité n'est pas incurable. Pour que leur cristallin devienne aussi transparent que le mien, il suffit qu'ils lisent la *Trompette-Guerrière*. J'en donne un exemplaire à moitié prix si le premier qui emploiera ce remède ne dit pas aussitôt aux autres : *J'étais aveugle ; maintenant je vois, et ça ne m'a coûté que cinq centimes tout compris.*

—o—

1° Des milliers de pères peuvent difficilement faire a leurs garçons et à leurs filles, des dots convenables à leur rang. — Hé bien ! si l'on déclarait la guerre à la Prusse, cette difficulté serait levée pour un certain nombre de ces pères. Suivez bien mon raisonnement : — La guerre leur tue des

garçons ; en partie les amoureuses de ces garçons
tués restent filles ; ces pères, n'ayant pas à doter
les filles qui coiffent sainte Catherine ni les garçons
qui sont dans le royaume de Pluton, peuvent faire
des dots plus convenables à leurs autres enfants.
Voilà !

Et j'oublie de dire qu'avec le sang de leurs
enfants, ces pères pourraient faire du boudin ou
fumer leur potager.

2° On dit qu'en ce moment les affaires ne vont
pas. — Hé bien, si la France déclarait la guerre à
la Prusse, l'on brûlerait des villages par-ci, des
villages par-là, et des villages par-tra, fouchtra.
Ce genre d'illumination ferait aller l'industrie du
bâtiment ; et, selon un auvergnat illustre, quand
le bâtiment va, tout va.

3° Il serait plus facile aux soldats de passer sergents ; aux sergents de passer lieutenants ; et aux
capitaines de passer commandants et de boire du
champagne pour faire vivre les champenois.

4° L'armée tout entière veut aller courtiser les
Gretchen. Comment le pourrait-elle si on l'obligeait
toujours à rester dans les casernes ? — On me dira
qu'après leurs cinq ans de service tes ex-soldats

ont le droit d'aller courtiser les *Gretchen;* — mais, en dehors du service, tout est bien différent. D'abord, en dehors du service le gouvernement ne paie pas les frais du voyage. Ceux qui n'ont pas d'argent seraient donc à jamais privés de *Gretchen.* Quant à ceux qui ont de l'argent, ils ne trouveraient pas autant de facilité en temps de paix qu'en temps de guerre. En temps de paix l'on ne peut courtiser les *Gretchen* que si elles le veulent bien; tandis qu'en temps de guerre on leur fait quelquefois subir la loi du vainqueur.

— Tel est ce que je dis à ces aveugles qui ne voient pas la nécessité d'attaquer la Prusse. — Tel est ce que j'ai déjà dit plusieurs fois au Gouvernement.

Mais le Gouvernement ne veut pas déférer à ma volonté nationale. Tous les ministres, il est vrai, me saluent bien respectueusement; tous les ministres, il est vrai, reconnaissent que j'ai raison; mais, tout en me donnant raison; tout en me saluant jusqu'à terre, ils paraissent vouloir remettre cette affaire, non pas au lendemain ni à l'année prochaine, mais aux calendes grecques. Hélas! le gouvernement d'aujourd'hui se rappelle peut-être qu'en juillet 1870 très peu d'hommes ont parlé contre la guerre dont il était question alors, et que néanmoins le Gouvernement d'alors est devenu impopulaire à cause qu'il l'a faite.

Quel dommage que M. Gambetta soit mort! Ce ne serait pas lui qui refuserait de marcher sur un terrain glissant, allez. Il avait trop d'esprit pour avoir peur de tomber. Et quand il était tombé en marchant volontairement sur un terrain glissant, il savait se relever en démontrant qu'il était tombé par la faute du cléricalisme. Ah! c'était un foudre d'éloquence que ce guerrier, justement surnommé le roi des Gascons; et le peuple français a très bien fait en lui donnant après sa mort, une rue à Marseille, une rue à Lille, un boulevard à Tourcoing, et une statue je ne sais où. Il était bien venu de tout le monde, excepté des cléricaux. Encore y a-t-il un pays où ils l'ont protégé à outrance. Notre Révérende Mère Patrie a fait une grande perte en le perdant, allez; et la Prusse se sent beaucoup plus à l'aise depuis la mort de ce génie, qui lui a donné tant de fil à retordre par des discours stratégiques du premier numéro.

Mais, puisqu'il est mort, faisons sans lui jusqu'à sa résurrection.

Qu'est-ce qu'on peut encore dire à ces aveugles pour leur transparer le cristallin, et au Gouvernement pour l'exciter à déclarer la guerre à la Prusse?

D'abord, on pourrait dire au Gouvernement : Les journaux royalistes ne voudraient pas profiter d'une défaite pour faire mettre leur roi à votre place, puisqu'ils excitent leurs lecteurs à être ennemis de la Prusse. Les journaux royalistes seraient amis avec vous dans la bonne comme dans la mauvaise fortune. Et puisque la guerre est le chemin de l'économie dans les finances, — économie qu'ils réclament en vain depuis longtemps, — les journaux royalistes ne manqueraient pas de faire votre éloge en ces termes : *Enfin ! ces croque-sous vont suivre nos conseils ! On va prendre le chemin de l'économie ; on va faire tuer beaucoup de soldats, afin d'en avoir beaucoup moins à nourrir.*

Et si les amoureuses avaient demandé qu'on ne tue pas les amoureux, pourquoi ne dirait-on pas au gouvernement : *Au lieu d'écouter la requête de ces bavardes, engagez-les à acheter et à lire la Trompette-Guerrière, afin qu'elles connaissent les nécessités de la politique.*

On peut dire aussi au Gouvernement, et d'un petit air menaçant : *Obéissez-nous ! Nous ne sommes peut-être pas, il est vrai, plus de 200.000 hommes et 50 femmes qui voulons la guerre ; mais, puisque ceux qui aiment mieux la paix n'osent pas le dire tout haut, il n'y a pas d'autre volonté nationale que la nôtre ! Entendez-vous c' que j' vous dis ?*

Et moi je lui dis au Gouvernement : *Vous remporterez la victoire si vous n'êtes pas trahi. Après la bataille je vous prouverai que ma prédiction s'est accomplie en tous points.*

—o—

J'ai déjà donné de grandes et belles raisons pour décider le Gouvernement à déclarer la guerre à la Prusse, n'est-ce pas ? Hé bien, en voici une qui est encore plus grande et encore plus belle. Ecoutez ce que la Révérende Mère Patrie a fait insérer à ses frais dans tous les journaux anti-prussiens :

On fait à savoir à toute ma progéniture, que depuis treize ans l'on n'a pas fait grand'chose pour régaler mes entrailles de mère. Qu'est-ce qu'une guerre en Tunisie où mes enfants ne périssent que par centaines ? Qu'est-ce qu'une guerre en Chine où il ne périt guère que des Chinois ? Pour assouvir la faim qui me dévore ; pour repaître mon cœur maternel d'un spectacle enchanteur, il faut faire

*une guerre où je verrai tuer mes enfants par cen-
taines de mille.*

— Où est le cœur bien né qui refuse quelque
chose à sa Patrie? Mourir pour elle, c'est le sort le
plus beau et le plus digne d'envie. Il y a des
hommes qui se battent pour une cocotte; à plus
forte raison devons-nous nous battre pour une
grande et belle Dame qui nous a donné le jour à
tous.

Puisque Madame la Patrie le souhaite, l'on ne
refusera pas de faire une guerre où il y aura beaucoup de tués et beaucoup de blessés. Et notez que
c'est très amusant pour tout le monde les cris de
joie des blessés. On blesserait exprès son propre
ami pour le plaisir d'entendre sa mélodie.

Ce qui est amusant aussi pour Madame la Patrie,
et, par contre-coup, pour tout cœur bien né, c'est
de voir le nez que font les paysans dont on a nettoyé
le grenier et la basse-cour. Ils font le même nez
qu'une femme jalouse dont une autre femme a
enlevé le mari.

———

Faits divers et autres choses sur le même sujet.

On fait savoir à tout le monde, que M. Alexandre Dumas a parlé autrement que le font les patriotes. Dans ses *Impressions de voyage de Paris à Cadix* (3e lettre), il a dit que *sous le rapport de la langue et du costume, rien n'est moins le compatriote d'un Alsacien qu'un Basque et même un Gascon.* Il n'a parlé, il est vrai, ni des mœurs, ni de la bière, ni de la choucroûte; mais il en a dit assez pour qu'on le classe parmi les gens qui n'ont pas de patriotisme. En conséquence, tous les bons Français mettront à l'index les ouvrages de ce gros garçon qui, d'ailleurs, n'a rien fait d'aussi beau que ma *Trompette-Guerrière.*

—o—

Le casque du soldat prussien est surmonté d'une pointe. Cette pointe me paraît n'être qu'une provocation sur l'air d'une querelle d'allemand.

Quand nous aurons un bon gouvernement, l'on enverra un ultimatum à ces pointus, afin que, bon gré mal gré, ils remplacent cette pointe par un pompon.

—o—

M. de Bismarck a dit que nous sommes des Gaulois, c'est-à-dire que nous sommes des coqs gaulois. Selon lui, nous sommes une variété de coqs. Il y a le coq-faisan, le coq d'Inde, etc. Le coq Gaulois, c'est le citoyen français. — Nous laisserons-nous dire que nous sommes de ces gallinacés que l'on plume et que l'on met à la broche? Hein, ventrebleu!

—o—

M. de Bismarck n'aime pas les Parisiens; il les accuse d'être moqueurs et railleurs, de considérer les provinciaux comme des ilotes. Nous rendrons, dit-il, un grand service à la France, nous la délivrerons de la tyrannie que font peser sur elle les Parisiens. (Histoire du Comte de Bismarck, page 185).

— On sait pourquoi M. de Bismarck n'aime pas les Parisiens. Pendant le siége ils lui ont gagné des batailles qui, sans la trahison de Trochu, eussent été décisives.

Les Parisiens, il est vrai, se moquent peut-être un peu des provinciaux qui ne s'habillent pas selon la mode de Paris; mais ils ne se croient nullement au-dessus d'eux. Au contraire, quand un provincial achète quelque chose a un Parisien, il arrive souvent que celui-ci dit à l'autre : *A votre service*. Il est évident qu'un Parisien ne se croit pas au-dessus d'un provincial à qui il dit : *Je suis votre serviteur.*

Supposé qu'aux 4 Septembre et 31 Octobre 1870, les Parisiens aient fait et voté seuls le gouvernement de toute la France, y aurait-il là quelque chose qui ressemble à de la tyrannie? Tout le monde sait bien que la province ne sait pas voter, voyons. Si les provinciaux avaient voté alors, ils auraient peut-être, comme l'Autriche en 1866, fait la paix de suite, c'est-à-dire avant que les Parisiens eussent eu l'occasion de manger des rats et des souris. Une telle paix manque totalement de poésie. De plus, quelques jours avant le 4 Septembre, la Révérende Mère Patrie, toute de noir habillée, est apparue aux Parisiens et leur a dit : *Mes chers fils aînés — faites de grandes choses et des choses épatantes; faites des sorties torrentielles, et mangez des rats et des souris. Si vous n'êtes pas certains que les provinciaux voteraient pour qu'on fasse de grandes choses et des choses épatantes, mettez les provinciaux en tutelle jusqu'à ce qu'ils sachent voter aussi bien que vous. Il n'est pas juste qu'on vous empêche de manger des rats et des souris en mon honneur. Les provinciaux n'ont même pas le droit de vous obliger à rôtir les rats que vous voulez manger. Vous pouver les manger tout crus, et même tout vivants.*

Les provinciaux sont trop bien traités par les Parisiens; ils sont gâtés, et il en résulte qu'ils se croient en toutes choses les régulateurs des Parisiens. Ainsi, par exemple, il y a à Paris, en dépit de la loi qui les prohibe, une dizaine d'écoles de garçons tenues par des femmes. Hé bien, en province on demande que ces dix écoles de Paris soient fermées, sous prétexte que les lois doivent être observées par les Parisiennes comme elles le sont par les provinciales. Quelle différence entre ces femmes, cependant! Les Parisiennes sont très décentes et très réservées : elles sont toujours voilées, toujours gantées et cachent soigneusement tous leurs appas aux jeunes garçons. Tandis que les provinciales enseignent à manches retroussées, et sont tellement décolletées qu'un jour un jeune écolier a dit à l'une d'elles en lui présentant un mouchoir :

Cachez ce sein que je ne saurai voir.

Malgré que les Parisiens ne tiennent guère à ces écoles, ils ne les fermeront pas, car enfin il est temps qu'on en finisse avec ces caprices d'enfants gâtés. Il est temps que les provinciaux sentent que s'ils avaient envie de manger la lune, les Parisiens ne seraient pas obligés de l'aller chercher pour eux.

Nous n'avons pas le droit de nous consoler, tant que nos frères d'Alsace seront dans les fers. Ces fers sont-ils ou ne-sont-ils pas pointus? Sont-ils ou ne sont-ils pas des fers rouges? — C'est ce que j'ignore, ne les ayant jamais vus. Quoi qu'il en soit, il n'en est pas moins vrai que les Alsaciens sont dans les fers; et s'ils n'y étaient pas ils y seraient tout de même, afin que ma prose en soit plus poétique et plus éloquente. Mais ils y sont, et non-seulement ils sont dans les fers, mais encore ils sont captifs, et l'on devrait tout mettre à feu et à sang pour briser leurs fers et les tirer de la captivité.

—o—

Il y a une sentinelle prussienne qui a fait un pied de nez à une sentinelle française, pendant que celle-ci tournait le dos à l'autre. Bien sûr que tous les Prussiens approuvent ce pied de nez, même ceux qui n'en ont pas connaissance. Donc, tous les Prussiens en sont solidaires; et, si l'on m'écoutait, ce pied de nez serait lavé dans le sang de toute la nation prussienne.

—o—

On cherche à faire disparaître toutes les conséquences de la guerre Napoléon-Gambetta. J'en ai trouvé le moyen dans mon génie, et je ne ferais peut-être pas mal si j'en demandais un brevet d'invention. Ce moyen consiste à noyer les consé-quences de la guerre Napoléon-Gambetta, dans une guerre beaucoup plus meurtrière, beaucoup plus saccagère, et beaucoup plus coûteuse encore que l'autre. Voilà!

—o—

Si l'on faisait une guerre, encore accompagnée ou suivie d'une même et semblable illumination au pétrole, tous les anglais qui n'ont pas vu *flamber finances* accourraient à Paris pour assister à ce spectacle, et donneraient un bon pourboire aux portiers de la ville, aux garçons d'hôtels, aux co-chers de fiacre, aux ouvreuses des théâtres, etc.

Et si l'illumination était suivie du triomphe des illumineurs, pense-t-on que ceux-ci n'éprouveraient aucun plaisir? hein! Et pense-t-on qu'après avoir savouré leur triomphe, ils n'éprouveraient aucunes délices en jugeant eux-mêmes et sans débat con-tradictoire, s'ils ont des droits sur l'argent qu'ils n'ont pas gagné, et sur les terres qu'ils n'ont ni achetées ni défrichées? — Ils éprouveraient cent fois plus de délices comme cela, que si cette affaire était l'objet d'un débat contradictoire dans toutes

les règles, et jugée par des gens qui n'ont ni trop
ni trop peu de fortune pour gagner ou perdre au
change.

'Si l'on ne déclare pas la guerre à la Prusse, l'on
ne verra peut-être pas le partage des biens. Et si
l'on ne fait pas le partage des biens, les gens qui
ne veulent pas défricher de la terre et qui dépen-
sent toujours tout leur gain, sont exposés à n'avoir
jamais rien.

—o—

On dit que les maux d'une guerre doivent être
imputés à qui l'a déclarée. — Les gens qui disent
cela n'ont pas lu Montesquieu. Si ces gens avaient
lu Montesquieu, ils sauraient que les torts peuvent
très-vraisemblablement et presque toujours être
imputés à qui l'on veut. Si la Prusse attaque la
France, les Français peuvent dire que c'est la Prusse
qui a tort puisqu'elle viole la ligne de démarcation
à laquelle elle a consenti par parole et par écrit. Si
la France attaque la Prusse, les Français peuvent
encore dire que c'est la Prusse qui a tort puisqu'elle
a rendu la guerre nécessaire : soit en prenant du
territoire *(chose dont nous sommes incapables)*; soit
en nous faisant de tous côtés des pieds de nez pen-

dant que nous avons le dos tourné ; soit en ayant
l'air de dire que nous sommes des coqs gaulois.

Post-scriptum confidentiel. — Nous n'avons pas
un fameux gouvernement, allez. Il donne beaucoup
d'argent où il n'est pas nécessaire de donner cinq
centimes, et il ne donne rien où il est nécessaire
de donner beaucoup. Ainsi, par exemple, au lieu
de subventionner l'Opéra, ne ferait-il pas mieux de
subventionner ma *Trompette ?* hein ? Avec les
800.000 francs qu'il donne aux sauteuses et aux
goualeuses, je répands ma *Trompette* partout ; tout
le monde veut que le Gouvernement déclare encore
la guerre à la Prusse ; à moins que nous ne soyons
encore trahis, nous triomphons sur toute la ligne ;
et le cœur maternel de la Patrie est satisfait ; les
pères de famille qui avaient beaucoup d'enfants à
doter sont satisfaits ; les marchands sont satisfaits ;
tout le monde est content, et moi je passe à l'im-
mortalité. — *Amen.*

———

Deux hommes-de-lettres prussiens, en ce moment voyageant en France, font ce qu'ils peuvent
pour prendre leur repas dans la compagnie de
français, afin de savoir si les habitants de notre
pays mangent tous les canards qn'on leur sert.

Ces deux messieurs sont arrivés à Lille depuis quelques jours. Il faut croire que le patriotisme lillois est bien baissé, car ils ont été admis dans la pension du restaurateur Alphonse-Jean-Louis Vilain, rue du Tonkin, n° 254831. A plusieurs de ses pensionnaires qui le menaçaient de le quitter s'ils ne renvoyait pas ces deux teutons, ce vilain restaurateur a répondu, et avec impertinence : Les Français qui vont en Prusse peuvent compter les canards qu'on y mange ; pourquoi les prussiens qui viennent en France ne pourraient ils pas compter les canards que vous y mangez.

Ce vilain restaurateur se trompe. Le zèle patriotique de la nation prussiene est plus vigoureux que le nôtre. Les écrivains français qui voyagent en Prusse ne sont admis à aucune table d'hôte ni à aucune pension. Aussi ne peuvent-ils pas nous dire si les prussiens mangent tous les canards qu'on leur sert.

Lille, imp. Vitez-Gérard, rue Nationale, 140.

www.ingramcontent.com/pod-product-compliance
Lightning Source LLC
Chambersburg PA
CBHW061455050726
47593CB00004B/1630